Redes de alimentos

Grace Hansen

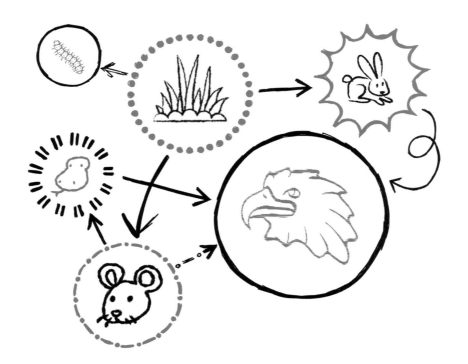

Abdo Kids Jumbo es una subdivisión de Abdo Kids
abdobooks.com

abdobooks.com

Published by Abdo Kids, a division of ABDO, P.O. Box 398166, Minneapolis, Minnesota 55439.
Copyright © 2021 by Abdo Consulting Group, Inc. International copyrights reserved in all countries.
No part of this book may be reproduced in any form without written permission from the publisher.
Abdo Kids Jumbo™ is a trademark and logo of Abdo Kids.

Printed in the United States of America, North Mankato, Minnesota.

102020

012021

 THIS BOOK CONTAINS RECYCLED MATERIALS

Spanish Translator: Maria Puchol

Photo Credits: iStock, Science Source, Shutterstock

Production Contributors: Teddy Borth, Jennie Forsberg, Grace Hansen
Design Contributors: Dorothy Toth, Pakou Moua

Library of Congress Control Number: 2020930758

Publisher's Cataloging-in-Publication Data

Names: Hansen, Grace, author.

Title: Redes de alimentos/ by Grace Hansen;

Other title: Food Webs. Spanish

Description: Minneapolis, Minnesota: Abdo Kids, 2021. | Series: La ciencia básica: la ecología | Includes
    online resources and index.

Identifiers: ISBN 9781098204341 (lib.bdg.) | ISBN 9781098205324 (ebook)

Subjects: LCSH: Food webs (Ecology)--Juvenile literature. | Biomes--Juvenile literature. | Natural
    communities--Juvenile literature. | Ecology--Juvenile literature. | Spanish language materials--
    Juvenile literature.

Classification: DDC 577.16--dc23

Contenido

¿Qué es una red de alimentos?

Para entender las redes de alimentos es importante conocer las cadenas alimenticias. Las cadenas alimenticias muestran cómo fluye la energía a través de un **ecosistema**.

4

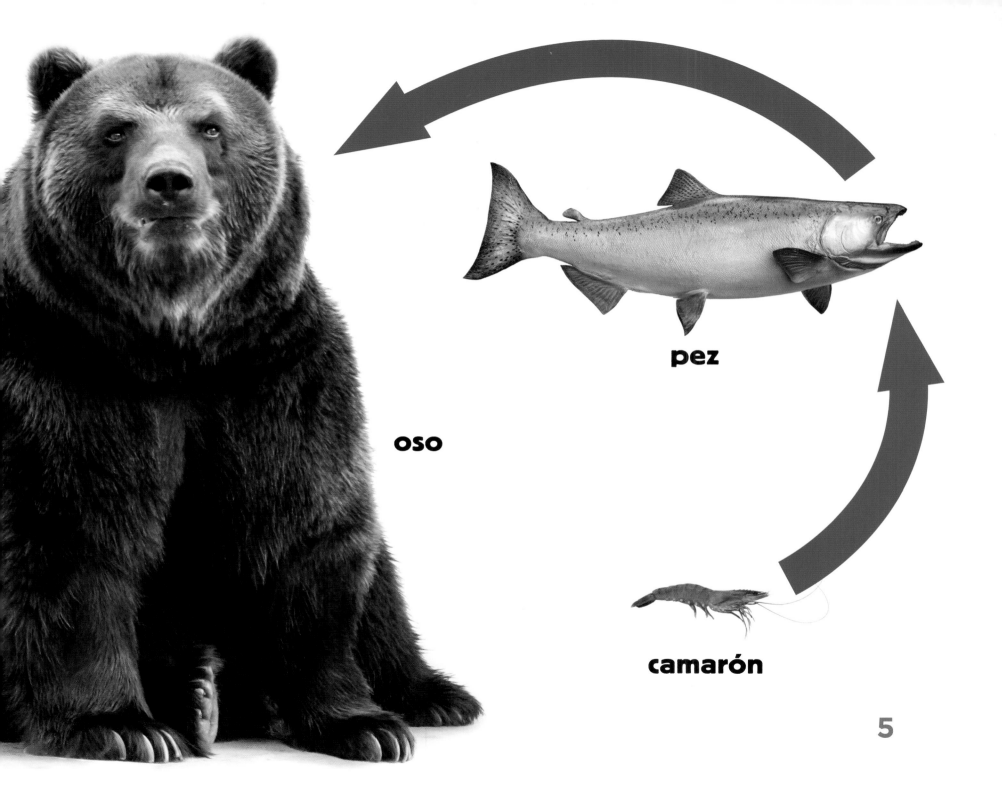

oso

pez

camarón

Las plantas y los animales son seres vivos. El agua y las rocas no lo son. Pero todos pueden vivir e **interactuar** en el mismo lugar. Son parte de un **ecosistema**.

Sin importar el tamaño, todos los seres vivos necesitan energía para sobrevivir. Los seres vivos obtienen energía al comer.

Los seres vivos se agrupan en tres categorías principales en la cadena alimenticia. Las plantas son productoras. Producen su propio alimento para obtener energía.

Los animales y los humanos son consumidores. Se alimentan de otros seres vivos para obtener energía.

Los **descomponedores** son los recicladores de la naturaleza. Se encargan de limpiar los **desechos** restantes. Depositan nutrientes de regreso en la tierra.

15

Este flujo de energía crea una cadena alimenticia. Hay muchas cadenas alimenticias diferentes en un **ecosistema** y pueden estar relacionadas. Esto produce una red de alimentos.

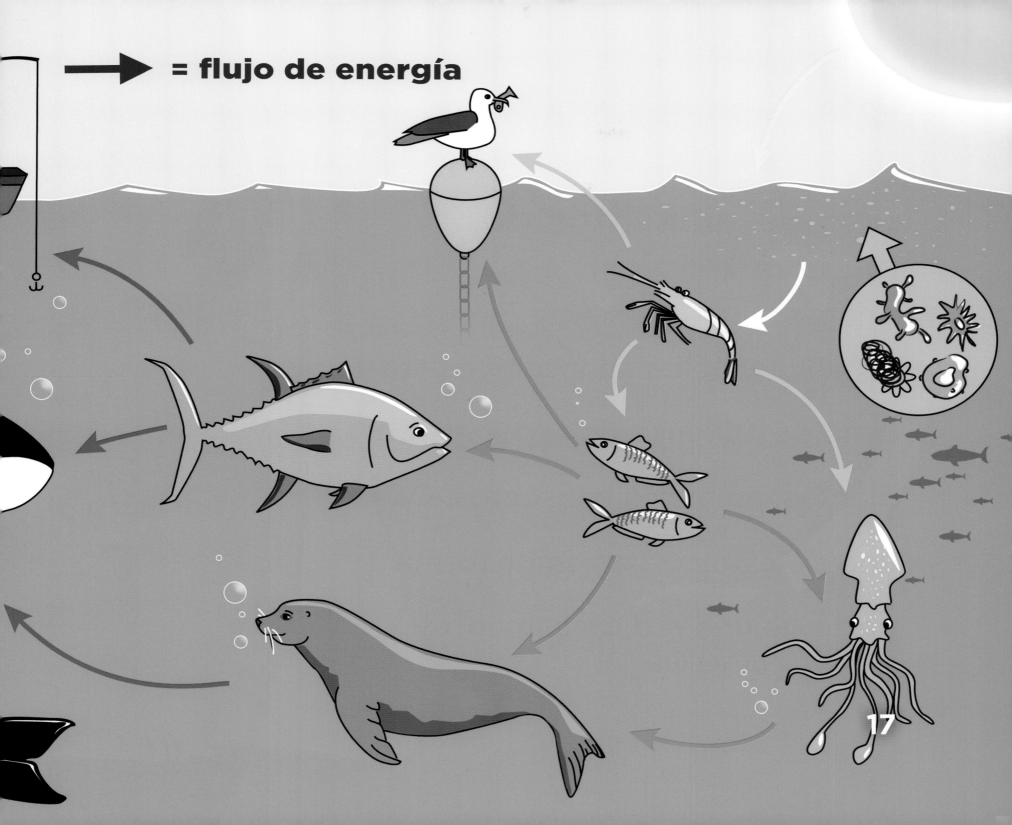

= flujo de energía

17

Red de alimentos de la selva tropical

La selva tropical amazónica está llena de millones de **especies** de plantas, animales e insectos. Cada uno de estos organismos forma parte de una red de alimentos.

Las plantas de la selva tropical amazónica son productoras. Muchos animales e insectos comen las hojas de las plantas, las frutas y las semillas. Los depredadores se comen a estos animales. Todos crean una red de alimentos al estar conectados.

Productores

21

flujo de energía

¡A repasar!

- Una red de alimentos es un grupo de cadenas alimenticias que están conectadas.

- Las redes de alimentos son parte de cada **ecosistema**.

- Una red de alimentos muestra cómo fluye la energía a través de un ecosistema.

- Las redes de alimentos comienzan con los productores o plantas.

- Los consumidores son también parte de la red de alimentos. Comen plantas y otros animales.

- Los **descomponedores** son también parte de las redes de alimentos.

Glosario

descomponedor - organismo que descompone la materia orgánica muerta, por ejemplo bacterias u hongos, a veces después de que un carroñero haya terminado con ella.

desecho - planta o animal muerto o excrementos de animales.

ecosistema - comunidad de seres vivos en conjunto con su entorno.

especie - grupo de seres vivientes semejantes entre sí y que pueden reproducirse juntos.

interactuar - responder a los demás o producir un efecto en los demás.

23

Índice

Abdo Kids
ONLINE
FREE! ONLINE MULTIMEDIA RESOURCES

¡Visita nuestra página
abdokids.com para tener
acceso a juegos, manualidades,
videos y mucho más!
Los recursos de internet están en inglés.

Usa este
código Abdo Kids
BFK8954
¡o escanea este
código QR!

24